Impressum
Verlag: BABADADA GmbH, Nedderfeld 112 , 22529 Hamburg
Geschäftsführer / Verlagsleitung: Harald Hof
Druck: Books on Demand GmbH, In de Tarpen 42, 22848 Norderstedt

Imprint
Publisher: BABADADA GmbH, Nedderfeld 112 , 22529 Hamburg, Germany
Managing Director / Publishing direction: Harald Hof
Print: Books on Demand GmbH, In de Tarpen 42, 22848 Norderstedt

ليكول

school

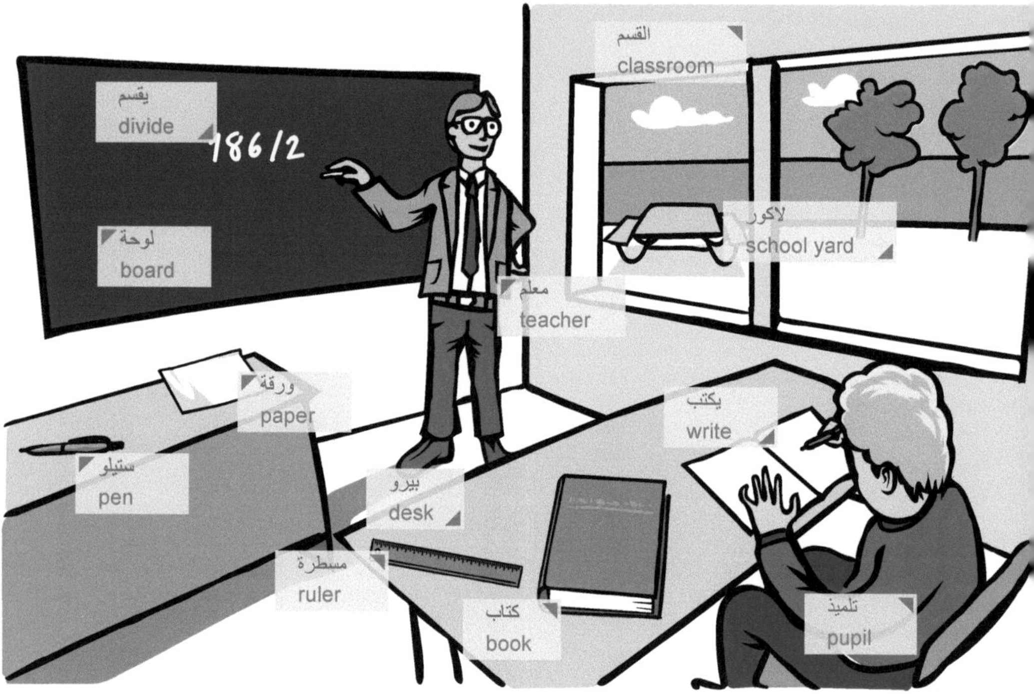

القسم
classroom
يقسم
divide
186/2
لوحة
board
لاكور
school yard
معلم
teacher
ورقة
paper
يكتب
write
ستيلو
pen
بيرو
desk
مسطرة
ruler
كتاب
book
تلميذ
pupil

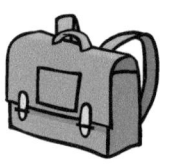

كرطاب

satchel

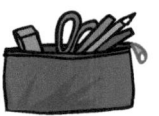

المقلمة

pencil case

قلم الرصاص

pencil

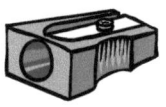

منجارة

pencil sharpener

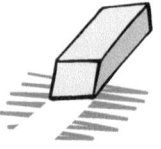

ممحا

rubber

الكايي تاع الرسم

drawing pad

الرسم

drawing

البانسو

paintbrush

باتير

paint box

مقص

scissors

كولا

glue

كابي تاع التمارين

exercise book

الواجبات

homework

12

النيميرو

number

2+2

يجمع

add

5-2

يطرح

subtract

2×2

يضرب

multiply

يحسب

calculate

A

الحرف

letter

ABCDEFG HIJKLMN OPQRSTU VWXYZ

الحروف

alphabet

كلمة

word

النص

text

يقرا

read

طباشير

chalk

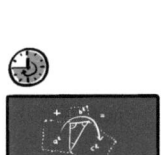

الدرس

lesson

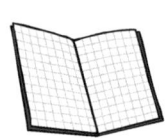

دفتر المدرسي

register

ليقزاما

examination

سرتفيكا

certificate

اللبة تاع ليكول

school uniform

التعليم

education

ليكسيك

encyclopedia

الجاميعة

university

المجهر

microscope

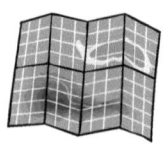

الخريطة

map

بوبال

waste-paper basket

فواياج
travel

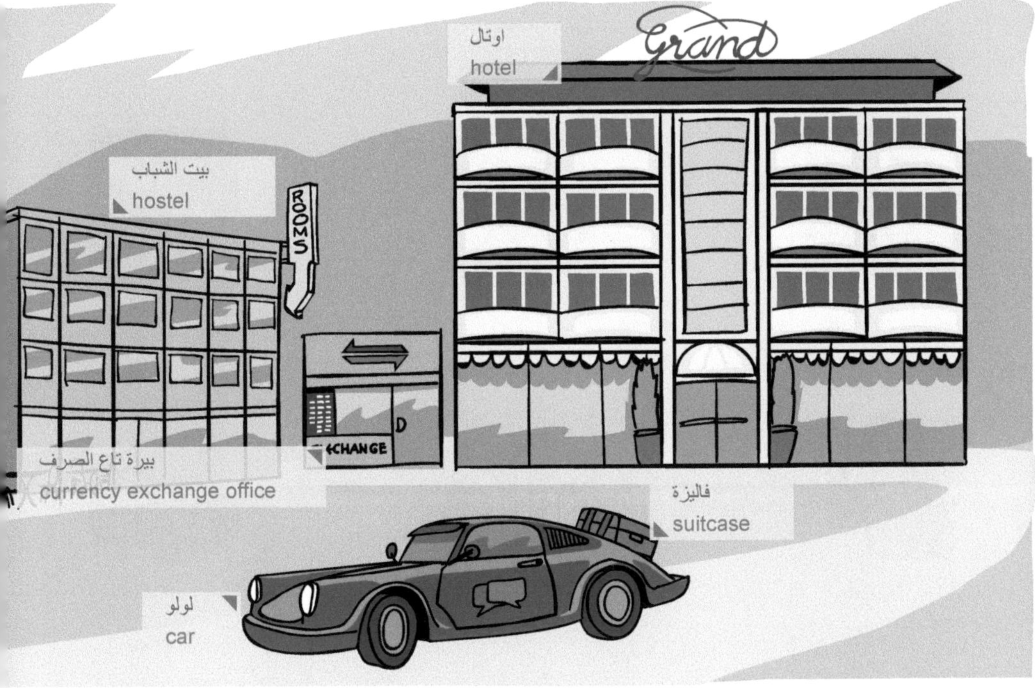

اوتال
hotel
Grand
بيت الشباب
hostel
ROOMS
EXCHANGE
بيرة تاع الصرف
currency exchange office
فاليزة
suitcase
لولو
car

اللغة ليقصدها

language

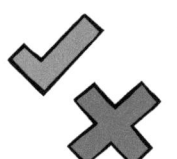

واه / لا

yes / no

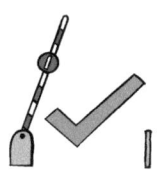

صحا

Okay

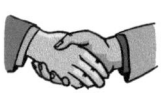

مرحبا

hello

طرجمان

translator

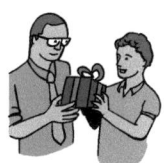

صحيت

Thank you

شعال السومة؟

how much is…?

مفهمتش

I don´t get it

مشكيلة

problem

مسلخير

Good evening!

صباح لخير

Good morning!

تصبح بخير

Good night!

بسلامة

goodbye

ديركسيو

direction

الباقاج

luggage

ساك

bag

ساكادو

backpack

ضيف

guest

شمبرا

room

ساك تاع رقاد

sleeping bag

خيمة

tent

استعلامات سياحية

tourist information

بجر

beach

كارطة ناع الكريدي

credit card

فطور الصباح

breakfast

الفطور

lunch

العشا

dinner

البيي

Ticket

اسونسير

elevator

تامبر

stamp

الحدود

border

الديوانة

customs

سقارة

embassy

فيزا

visa

باسبور

passport

transport

طيارة
airplane

بابور
ship

لبونيبا
fire truck

بيس
bus

كاميونة
truck

بوطي
motorboat

بيسكلات
bike

لولو
car

بابو
....
ferry

بوطي
....
boat

موطو
....
motorbike

لوطو تاع لابوليس
....
police car

لوطو تاع السياق
....
racing car

لوطو تاع كرية
....
rental car

لواطا تاع كرية
....
car sharing

رومورك
....
tow truck

كاميو تاع الزبل
....
garbage truck

موتور
....
engine

ليسونس
....
fuel

ستاسيون
....
fuel station

بانو
....
traffic sign

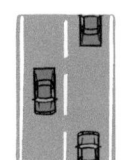

ترافيك
....
traffic

سركالة
....
traffic jam

باركينغ
....
parking lot

لاقار
....
train station

السبيكة
....
tracks

قطار
....
train

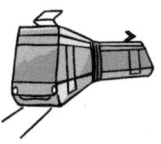

ترام
....
tram

فاغون
....
wagon

اليكبتار

helicopter

مطار

airport

تور

tower

مسافر

passenger

كونتنار

container

كرطونة

carton

شاريو

cart

سلة

basket

يقلع / يهود

take off / land

مان

city

قرية

village

البلاد

city center

دار

house

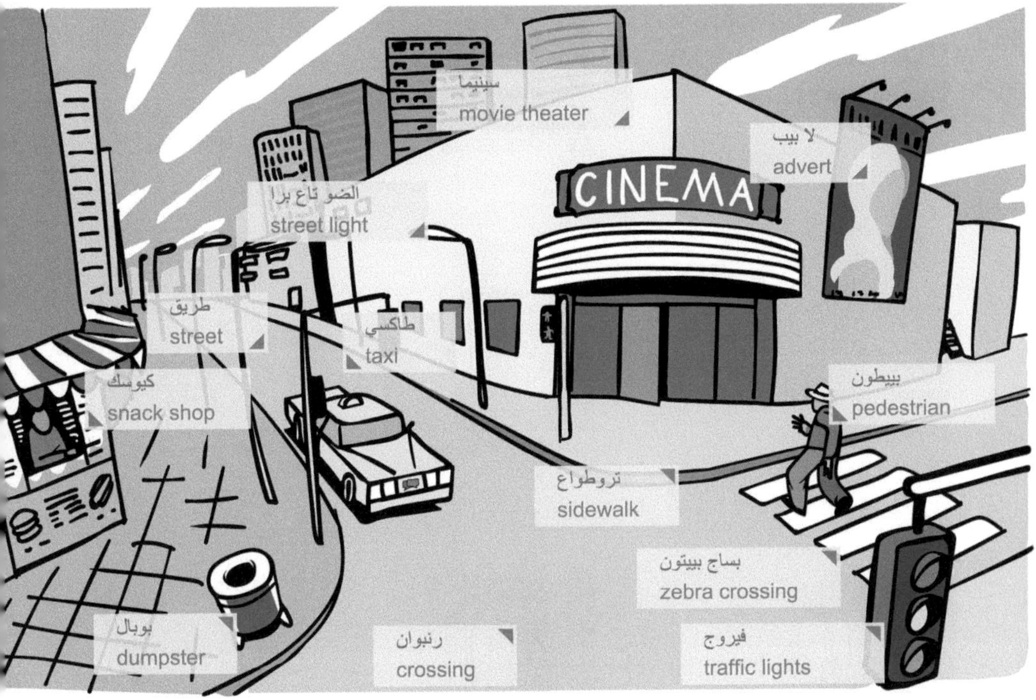
سينيما
movie theater
لا بيب
advert
CINEMA
الضو تاع برا
street light
طريق
street
طاكسي
taxi
كيوسك
snack shop
بييطون
pedestrian
تروطواع
sidewalk
بساج بييتون
zebra crossing
بوبال
dumpster
رنبوان
crossing
فيروج
traffic lights

كوخ

hut

برطمان

apartment

لاقار

train station

لاميري

city hall

MUSEUM

متحف

museum

ليكول

school

الجامعة

university

بانكة

bank

سبيطار

hospital

اوتال

hotel

فارماسي

pharmacy

بيرو

office

مكتبة

book shop

حانوت

shop

فلوريست

flower shop

سوبرات

supermarket

مرشي

market

حانوت كبير

department store

مسمكة

fishmonger's shop

سونتر كومرسيال

mall

المينا

harbor

بارك
park

بنك
bench

جسر
bridge

درج
stairs

ميترو
subway

تونل
tunnel

لاري تاع البيس
bus stop

بار
bar

مطعم
restaurant

صندوق البريد
postbox

البانوات
street sign

مقياس زمن الوقوف
parking meter

حديقة حيوانات
zoo

بيسين
swimming pool

جامع
mosque

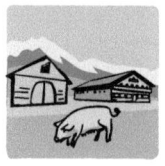

فيرما

farm

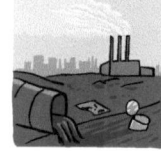

التلوث

pollution

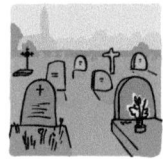

مقبرة

cemetery

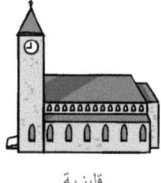

قليزية

church

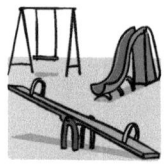

بارك

playground

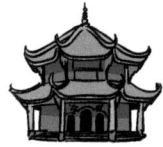

معبد

temple

الريف

landscape

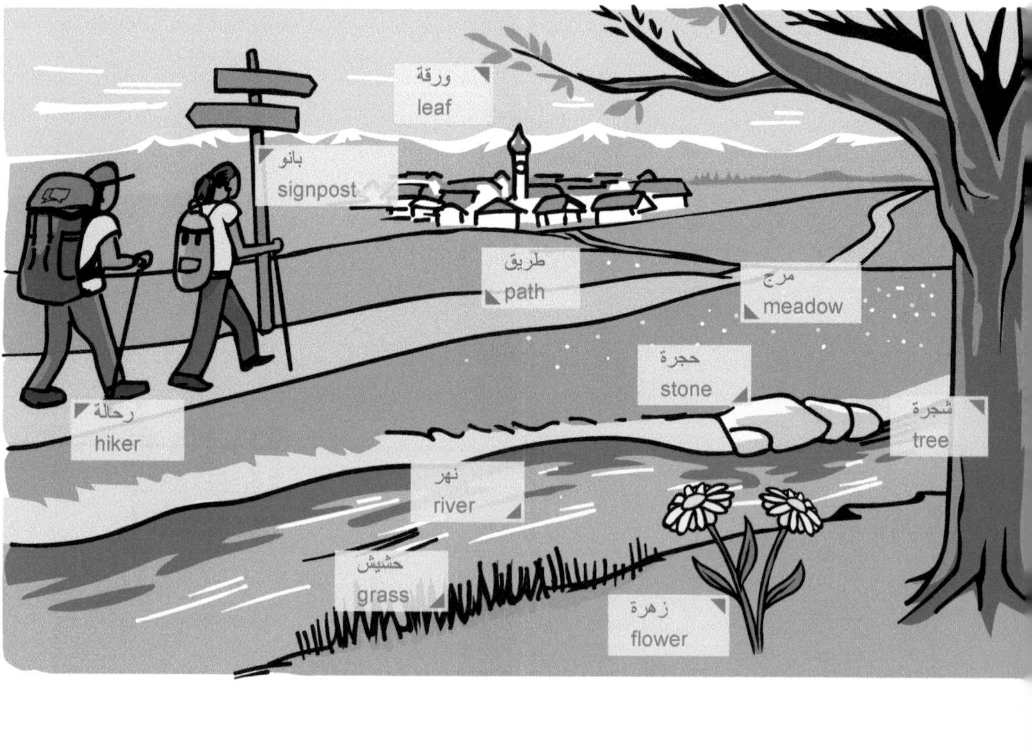
ورقة
leaf
بانو
signpost
طريق
path
مرج
meadow
حجرة
stone
رحالة
hiker
شجرة
tree
نهر
river
حشيش
grass
زهرة
flower

واد
....
valley

جبل
....
hill

بحيرة
....
lake

غابة
....
forest

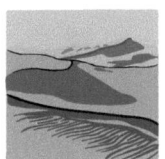

صحرا
....
desert

بركان
....
volcano

شاطو
....
castle

قوس قزح
....
rainbow

فطر
....
mushroom

نخلة
....
palm tree

ناموسة
....
mosquito

ذبانة
....
fly

نملة
....
ant

نحلة
....
bee

رتيلة
....
spider

خنفوس

beetle

جرانة

frog

سنجاب

squirrel

قنفود

hedgehog

قنينة

hare

بومة

owl

زاوش

bird

بجعة

swan

حلوف

boar

عزالة

deer

إلكة

moose

سد

dam

الطاحونة

wind turbine

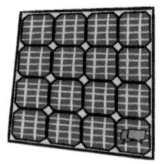

خلية شمسية

solar panel

كليما

climate

مطعم
restaurant

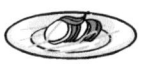

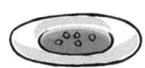

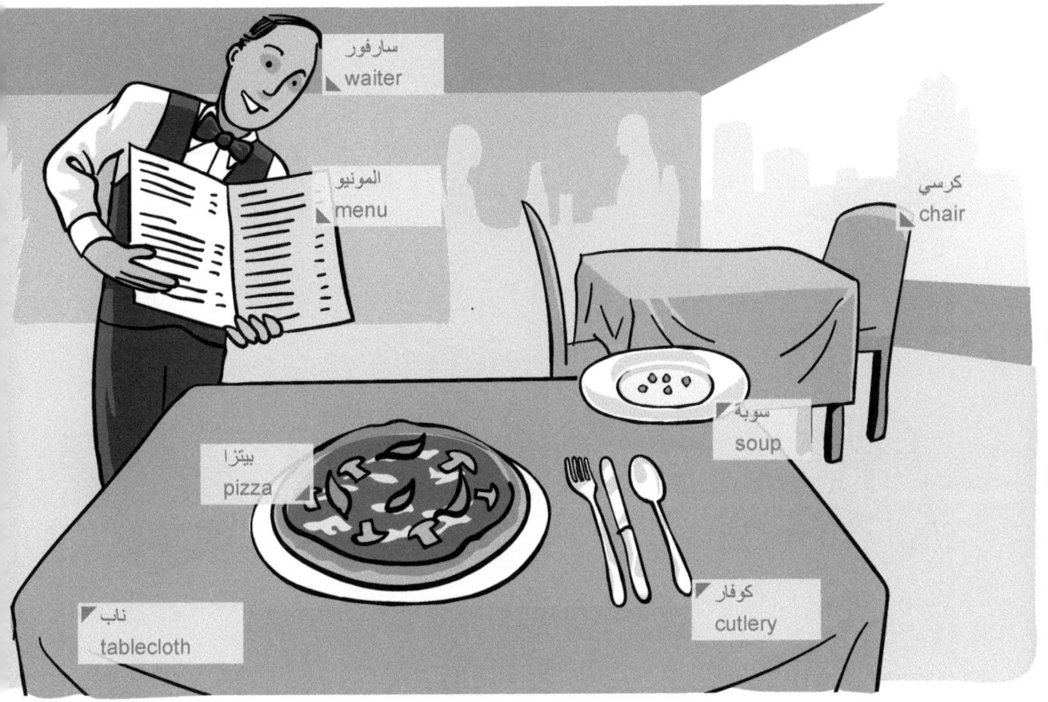

سارفور
waiter
المونيو
menu
كرسي
chair
سوبة
soup
بيتزا
pizza
ناب
tablecloth
كوفار
cutlery

اوردوفر
....
starter

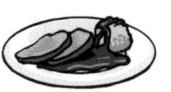

الطبق الرئيسي
....
main course

ديسار
....
dessert

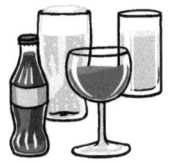

مشروبات
....
drinks

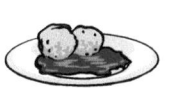

ماكلة
....
food

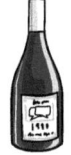

القرعة
....
bottle

فاست فود

fast food

ماكلة نديه معايا

street food

براد اتاي

teapot

سكرية

sugar bowl

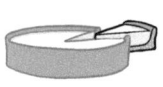

طرف

portion

ماشينة تاع اكسبريسو

espresso machine

كرسي عالي

high chair

فاتورة

bill

سني

tray

خدمي

knife

فرشيطة

fork

مغيرفة

spoon

مغيرفة تاع لاتاي

teaspoon

سربيتة تاع الطابلة

serviette

كاس

glass

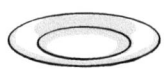

طبسي

plate

بول

soup plate

طبسي تاع الفنجال

saucer

لاصوص

sauce

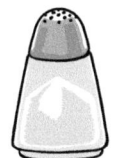

القوطي تاع الملح

salt shaker

طحان تاع الحرور

pepper mill

خل

vinegar

زيت

oil

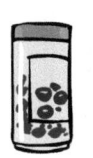

ليزيبيس

spices

كتشوب

ketchup

موطارد

mustard

مايونيز

mayonnaise

سوبرات

supermarket

بروموسيو
special offer
FOR
كلويون
customer
مشتفات الحليب
dairy products
فاكية
fruit
شاريو
shopping cart

BUTCHERS

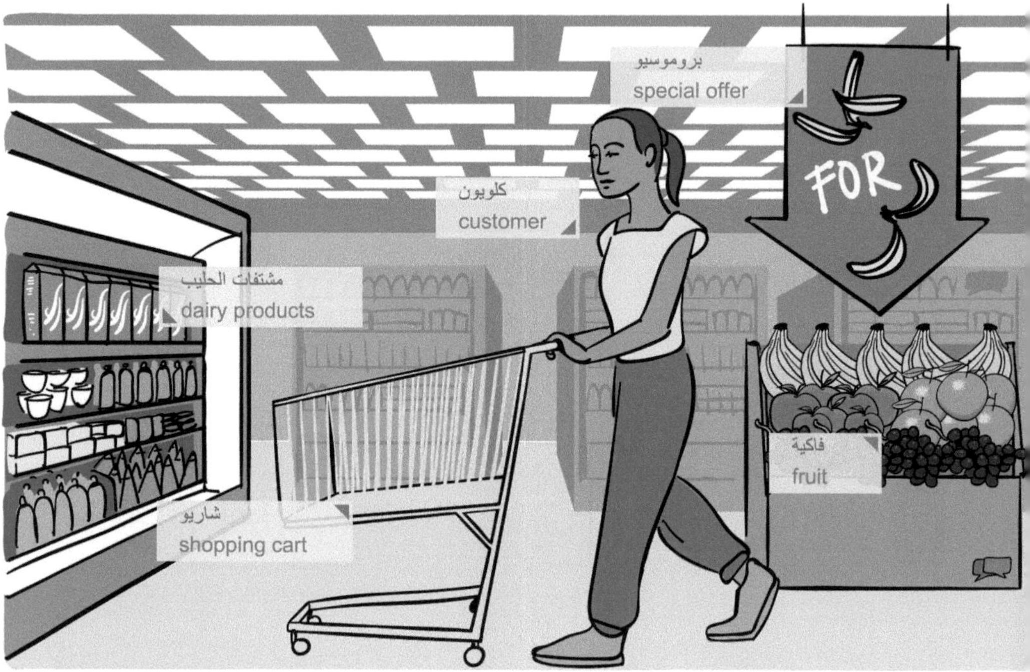

بوشي

butcher's shop

BAKERY

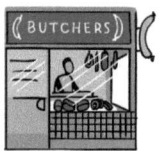

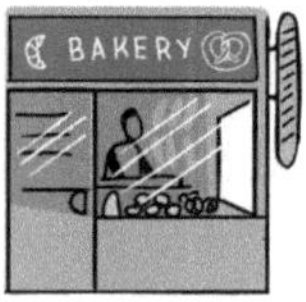

بولونجي

bakery

يوزن

weigh

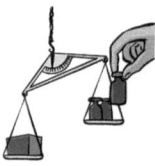

خضار

vegetables

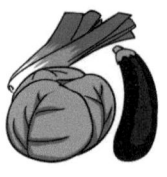

لحم

meat

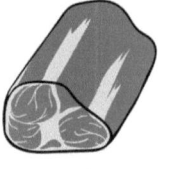

سيرجولي

frozen food

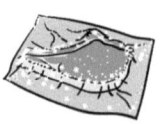

كاشير

cold cuts

كونسارف

canned food

لغسيل تاع الاومو

detergent

الحلويات

candy

صوالح الدار

household products

ديتارجو

cleaning products

فوندوز / خدامة فالحانوت

sales representative

لاكاس

cash register

كاسسي

cashier

ليستا تاع الشري

shopping list

سوايع الخدمة

opening hours

متزداتم

wallet

كارطة ناع الكريدي

credit card

ساك

bag

بورسة

plastic bag

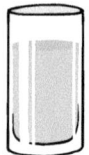

الما

water

جو

juice

حليب

milk

كوكا

coke

الشراب

wine

البيرة

beer

شراب

alcohol

كاكاو

cocoa

لاتاي

tea

قهوة

coffee

اكسبريسو

espresso

كابوتشينو

cappuccino

بانانة

banana

تفاح

apple

تشينا

orange

بطيخ

melon

ليم

lemon

كروطة / زرودية

carrot

ثوم

garlic

بانبو

bamboo

بصل

onion

شانبينيو

mushroom

بندق

nuts

لييات

noodles

سباقيتي

spaghetti

روز

rice

سلاطة

salad

ليفريت

fries

ليفريت

fried potatoes

بيتزا

pizza

هانبورقر

hamburger

سندويش

sandwich

اسكالوب

escalope

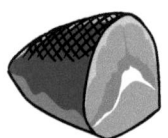

لحم الحلوف

ham

سامي

salami

مرقاز

sausage

جاجة

chicken

لحم مشوي

roast

حوت

fish

ثوفان

porridge oats

موسلي

muesli

كورن فلكس

cornflakes

فرينة

flour

كرواسون

croissant

خبيزة

bread roll

الخبز / كسرة

bread

خبز محمر

toast

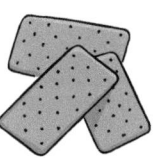

بيسكوي

cookies

زبدة

butter

لبن

curd

قاطو

cake

بيض

egg

بيض مقلي

fried egg

فرماج

cheese

لاكرام

ice cream

سكر

sugar

عسل

honey

كونفتير

jelly

نوقا

nougat cream

الكاري

curry

فيرما

farm

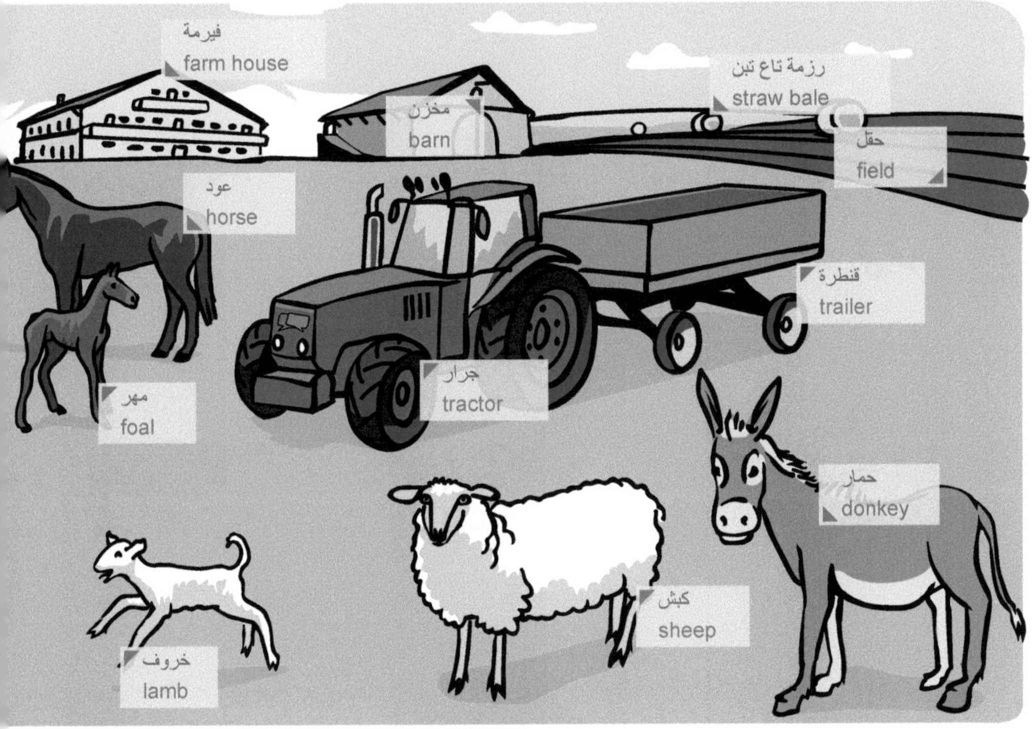
فيرمة
farm house
مخزن
barn
رزمة تاع تبن
straw bale
حقل
field
عود
horse
قنطرة
trailer
جرار
tractor
مهر
foal
حمار
donkey
كبش
sheep
خروف
lamb

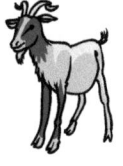

معزة

goat

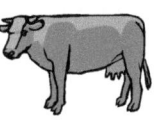

بقرة

cow

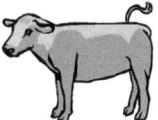

عجل

calf

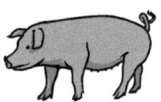

حلوف

pig

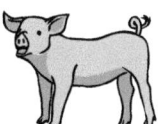

حلوف صغير

piglet

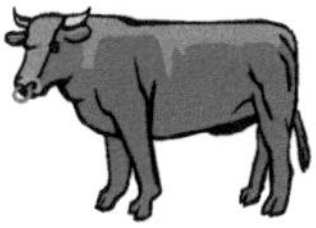

طورو

bull

وزة

goose

بطة

duck

فلوس

chick

جاجة

hen

سردوك

cockerel

طوبا

rat

قطة

cat

فأر

mouse

ثور

ox

كلب

dog

دار الكلب

dog house

تبييو

garden hose

إبريق

watering can

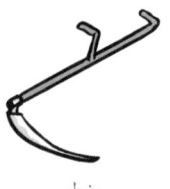

منجل

scythe

محراث

plow

منجل

sickle

الفاس

hoe

مذراة الزبل

pitchfork

شاقور

axe

برويطة

pushcart

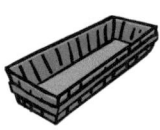

معلف

trough

قابة تاع حليب

milk can

ساشيا

sack

سياج

fence

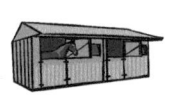

صطبل

stable

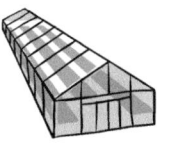

بوطاجي

greenhouse

تراب

soil

بذور

seed

سماد

fertilizer

حصادة

combine harvester

يحصد

harvest

الغلة

harvest

بطاط

yams

قمح

wheat

صويا

soya

بطاطا

potato

مابيس

corn

سلجم

rapeseed

شجرة تاع فاكية

fruit tree

منيهوت

manioc

الخبوب

grain

دار

house

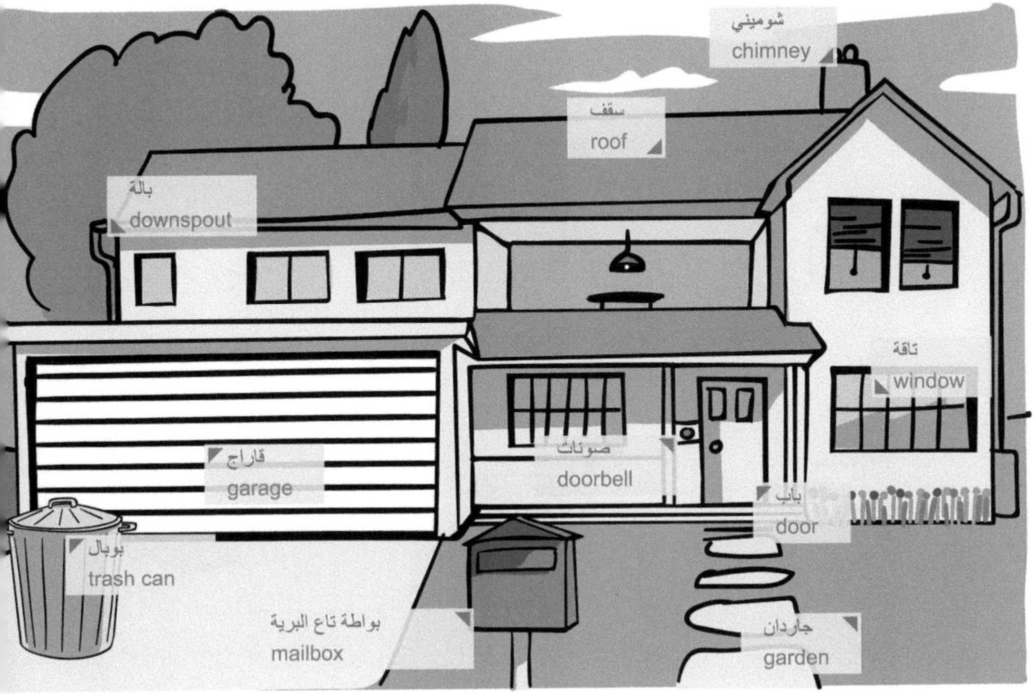
شوميني
chimney
سقف
roof
بالة
downspout
تاقة
window
قاراج
garage
صونات
doorbell
باب
door
بوبال
trash can
بواطة تاع البرية
mailbox
جاردان
garden

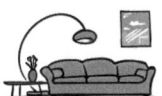

صالون

living room

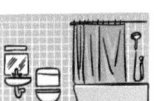

الحمام

bathroom

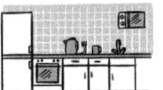

كوزينا

kitchen

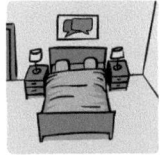

شامبرا تاع رقاد

bedroom

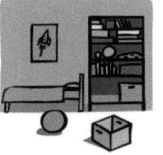

شمبرا تاع ذراري

kids room

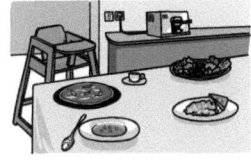

صالة مونجي

dining room

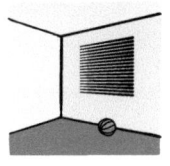

لرض
....
floor

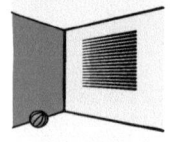

حيط
....
wall

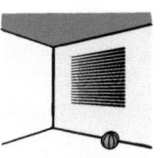

بلافو
....
ceiling

كافا
....
cellar

سونا
....
sauna

بالكون
....
balcony

تيراسة
....
terrace

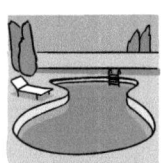

بيسين
....
pool

جزارة تاع حشيش
....
lawn mower

ااووس
....
sheet

كووات
....
bedspread

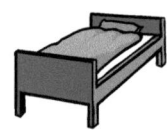

ناموسية
....
bed

مصلحة
....
broom

بيدو تاع صليح
....
bucket

انتغنيتور
....
switch

صالون

living room

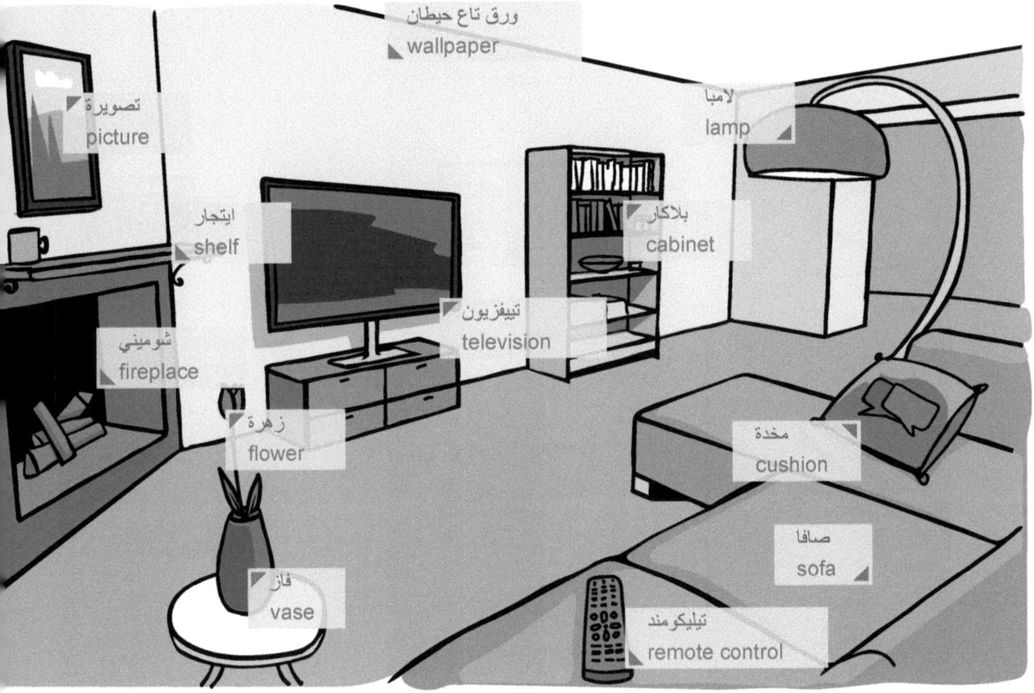
ورق تاع حيطان
wallpaper
تصويرة
picture
لامبا
lamp
ايتجار
shelf
بلاكار
cabinet
تيبفزيون
television
شوميني
fireplace
زهرة
flower
مخدة
cushion
صافا
sofa
فاز
vase
تيليكومند
remote control

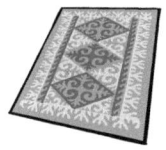

طابي

carpet

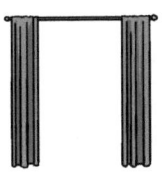

ريدو

drape

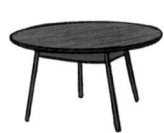

طابلة

table

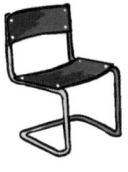

كرسي

chair

كرسي يبوجي

rocking chair

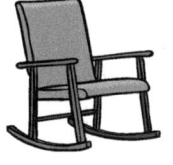

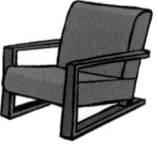

فوتاي

armchair

كتاب

book

طوفيرطة

blanket

زواق

decoration

الحطب

firewood

فيلم

film

الستيريو

stereo system

مفتاح

key

جرنان

newspaper

كادر

painting

بوستار

poster

راديو

radio

كناش

notebook

اسبيراتور

vacuum cleaner

صبار

cactus

شمعة

candle

kitchen

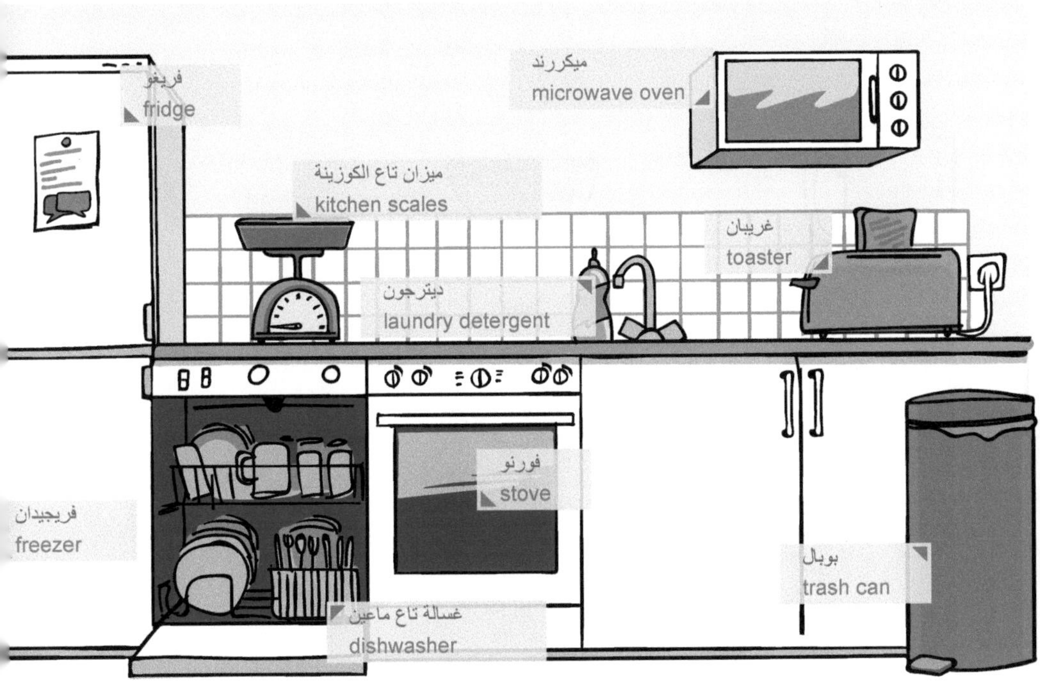

فريجو
fridge

ميكرو رند
microwave oven

ميزان تاع الكوزينة
kitchen scales

غريبان
toaster

ديترجون
laundry detergent

فريجيدان
freezer

فورنو
stove

بوبال
trash can

غسالة تاع ماعين
dishwasher

الفور	قدرة	مرميطا
cooker	pot	cast-iron pot

طاوة غامقة	مقلة	غلاية
wok / kadai	pan	kettle

قدرة

steamer

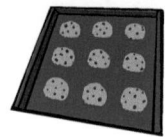

سني

baking tray

ماعين

crockery

قوبلي

mug

طبسي

bowl

مطارق تاع الماكلة

chopsticks

لوشة

ladle

سباتولة

spatula

الضرابة

whisk

كسكاس

strainer

صفاية

sieve

راب

grater

مهراز

mortar

شواية

barbecue

موقد

fireplace

شابلونة

chopping board

رولو

rolling pin

الحلال

corkscrew

قابسة

can

الحلال

can opener

كتان

oven cloth

لافابو

sink

بروسة

brush

بونجة

sponge

الخلاط

blender

فريغو

deep freezer

بيبرونة

baby bottle

سبالة

tap

الحمام

bathroom

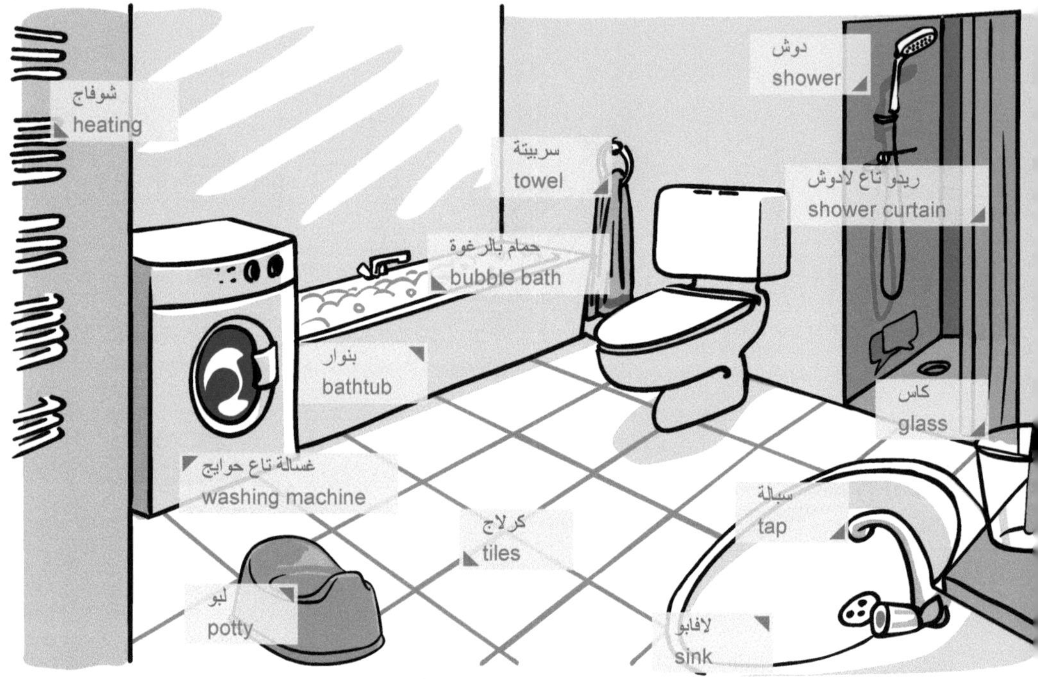

شوفاج
heating
دوش
shower
سربيتة
towel
ريدو تاع لادوش
shower curtain
حمام بالرغوة
bubble bath
بنوار
bathtub
كاس
glass
غسالة تاع حوايج
washing machine
سبالة
tap
كرلاج
tiles
لبو
potty
لافابو
sink

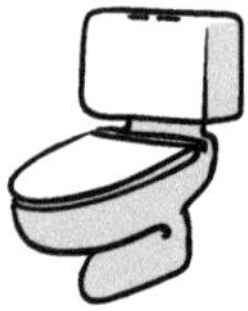

توالات

toilet

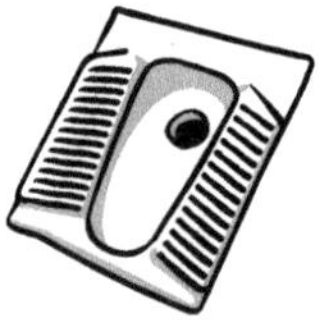

توالات تركي

squat toilet

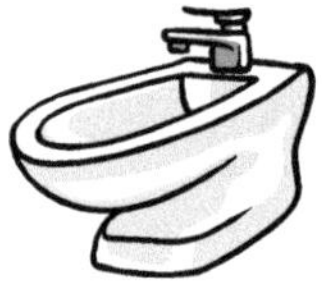

غسال الرجلين

bidet

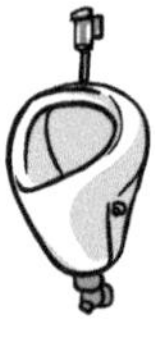

مبولة

urinal

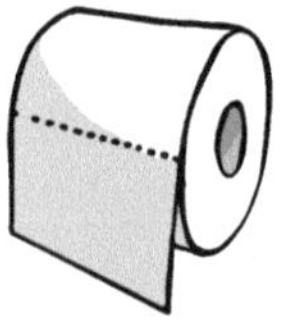

ورق تاع توالات

toilet paper

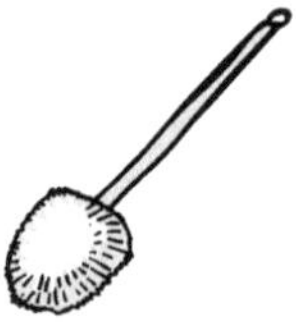

بروسة تاع توالات

toilet brush

بروسدون

toothbrush

دونتفريس

toothpaste

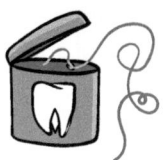

خيط السنان

dental floss

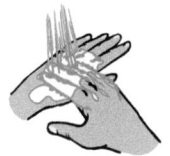

يغسل

wash

دوشات تاع دوش

hand shower

دوشات

douche

لافابو

basin

بروسا تاع الظهر

back brush

صابون

soap

جال دوش

shower gel

شنبوان

shampoo

الحبل

flannel

قادوس

drain

بومادة

creme

ديودورون

deodorant

مراية

mirror

مراة صغيرة

hand mirror

رازوار

razor

لاموس

shaving foam

كولون

aftershave

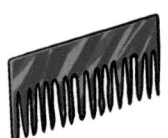

مشطة

comb

بروسة

brush

سشوار

hair-dryer

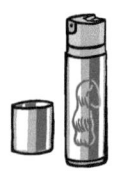

مثبت الشعر

hairspray

مكياج

makeup

روجالافر

lipstick

فرني

nail varnish

قطن

cotton wool

كوبنغل

nail scissors

ريحة

perfume

تروسة تاع حمام

washbag

طابوري

stool

ميزان

weighing scales

بينوار

bathrobe

ليغونات تاع النيتواياج

rubber gloves

تمبون

tampon

ليبيوند

sanitary towel

توالات

chemical toilet

kids room

ريفاي
alarm clock
نونورس
cuddly toy
لوطو جوي
toy car
الخشخاش
rattle
دار تاع بوبيات
doll's house
كادو
present

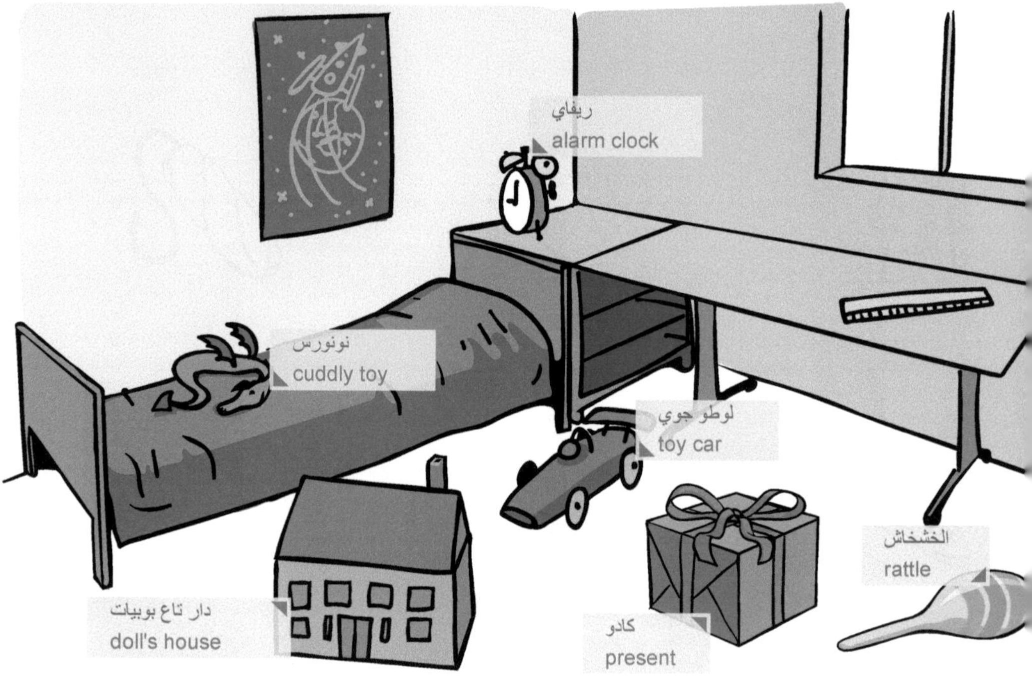

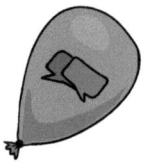

بالونة / نسافة

balloon

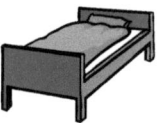

ناموسية

bed

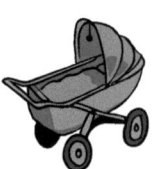

بوسات

stroller

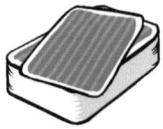

الكارطة

deck of cards

البوزيل

jigsaw

SUPER MEGA

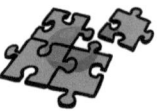

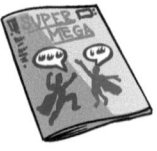

بوند ديسيني

comic

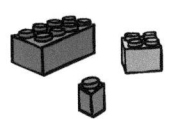

الليغو
lego bricks

حجر يبنوه
toy blocks

بوبية
action figure

لبسة تاع البيبي
romper suit

فريزي
frisbee

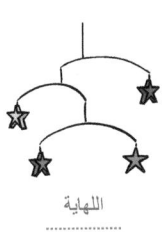

اللهاية
mobile

لعبة الطابلة
board game

الدي
dice

التران
model train set

سوسات
pacifier

حفلة / الفيشطة
party

كتاب بتصاوير
picture book

بالون
ball

بوبية
doll

يلعب
play

بارك بالرملة
....
sandpit

بنصوار
....
swing

جوي
....
toys

منيطا
....
video game console

بيسكلات
....
tricycle

دبدوب
....
teddy bear

ماريو
....
wardrobe

حوايج
clothing

نقاشر
....
socks

ليبا
....
stockings

كولو
....
tights

شال
scarf

بريلوي
umbrella

تريكو
t-shirt

حزام
belt

بوط
boots

بنتوفلا
slippers

تينيسا / سيردينا
sneakers

صندالة
....
sandals

صباط
....
shoes

بوط بلاستيك
....
rubber boots

كالسون
....
underwear

سوتيان
....
bra

حويج تاع داخل
....
undershirt

لاسق على الجسم

body

سروال

pants

جين

jeans

جيبا

skirt

طابلية

blouse

قمجة

shirt

تريكو

pullover

قارديقون

sweater

بلازار

blazer

فيستا

jacket

بالطو

coat

بالطو

raincoat

كوستيم

costume

روبا

dress

روب بلونش

wedding dress

كوستيم
....
suit

شوميز دونوي
....
nightgown

بيجاما
....
pajamas

ساري
....
sari

حجاب
....
headscarf

عمامة
....
turban

برقع
....
burka

قفطان
....
kaftan

عباية
....
abaya

مايو
....
swimsuit

سروال تاع عوم
....
trunks

شورت
....
shorts

لبسة تاع سبور
....
tracksuit

طابلية
....
apron

ليڨونات
....
gloves

قفلة

button

نواظر

glasses

براسلي

bracelet

سنسلة

necklace

خاتم

ring

منقوش

earring

بوني

cap

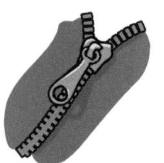

سانتر

coat hanger

شابو

hat

قرافاطة

tie

غيمة

zip

كاسك

helmet

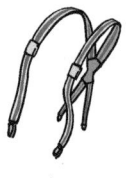

بروتال

braces

اللبة تاع ليكول

school uniform

لينيفورم

uniform

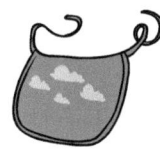

رياقة

bib

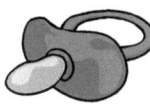

سوسات

pacifier

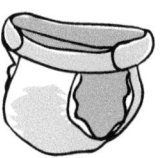

ليكوش

diaper

بيرو
office

سارفر
server
خزانة تاع الملفات
filing cabinet
ورقة
paper
امبريمانت
printer
ليكرون
monitor
لاسوري
mouse
بيرو
desk
كلاسور
folder
كلافيي
keyboard
بوبال
waste-paper basket
اورديناتور
computer
كرسي
chair

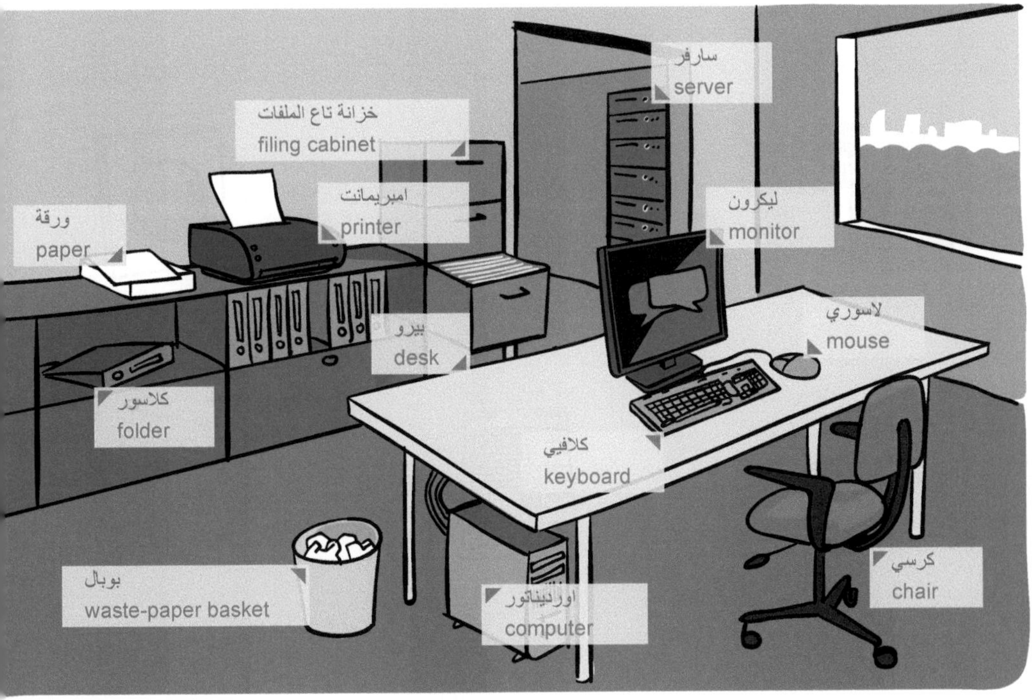

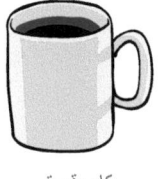

كاس قهوة

coffee mug

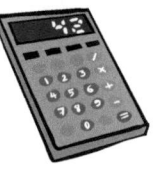

كاكولاتريس

calculator

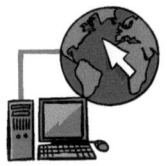

لانترنت

internet

اورديناتور

laptop

برية

letter

ميساج

message

بورطابل

cell phone

ريزو

network

فوطوكوبي

photocopier

لوجسيال

software

تيلفون

telephone

بريزة

plug socket

فاكس

fax machine

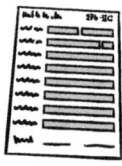

استمارة

form

وثيقة

document

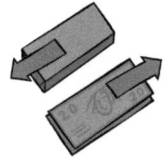

يِشري

buy

يخلص

pay

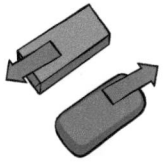

يتاجر

trade

دراهم

money

USD

دولار

dollar

EUR

أورو

euro

JPY

ين

yen

RUB

روبل

rouble

CHF

فرنك سويسري

Swiss franc

CNY

يوان

renminbi yuan

INR

روبية

rupee

ديستربيتور

cash point

بيرة تاع الصرف

currency exchange office

ذهب

gold

فضة

silver

نفط

oil

طاقة

energy

السومة

price

عقد

contract

طاكس

tax

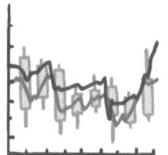

سهم

stock

يخدم

work

خدام

employee

مول الشي

employer

وزين

factory

حانوت

shop

الخدمة
occupations

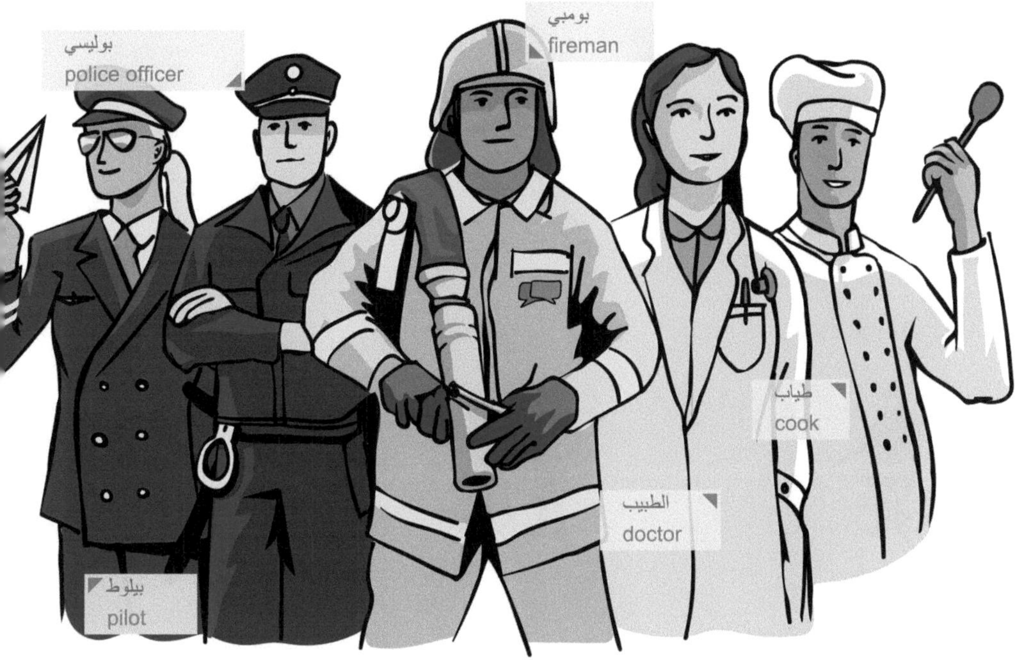

بوليسي
police officer
بومبي
fireman
طياب
cook
الطبيب
doctor
بيلوط
pilot

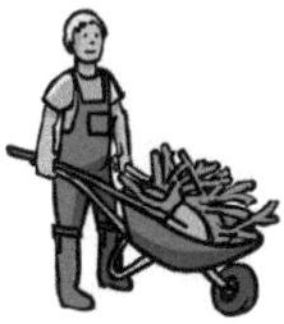

جرديني

gardener

نجار

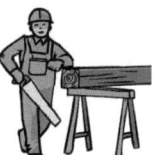

carpenter

خياط

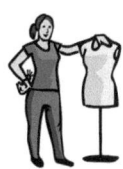

seamstress

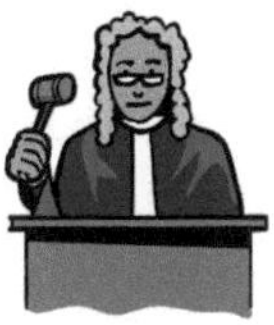

قاضي

judge

شيميك

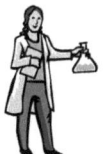

chemist

ممثل

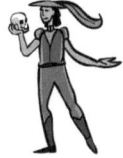

actor

شوفير

bus driver

طاكسيور

taxi driver

صياد

fisherman

خدامة

cleaning lady

ماصو تاع الصقف

roofer

سارفور

waiter

صياد

hunter

بنتار

painter

خباز

baker

الكتريسيان

electrician

ماصون

builder

مهندس

engineer

بوشي

butcher

بلومبي

plumber

فاكتور

postman

جندي

soldier

ارشيتكت

architect

كاسي

cashier

بياع اورد

florist

كوافير

hairdresser

الكنترول

conductor

ميكانيسيان

mechanic

كابيتان

captain

طبيب سنان

dentist

عالم

scientist

حاخام

rabbi

امام

imam

موان

monk

موان

pastor

ليزوتي

tools

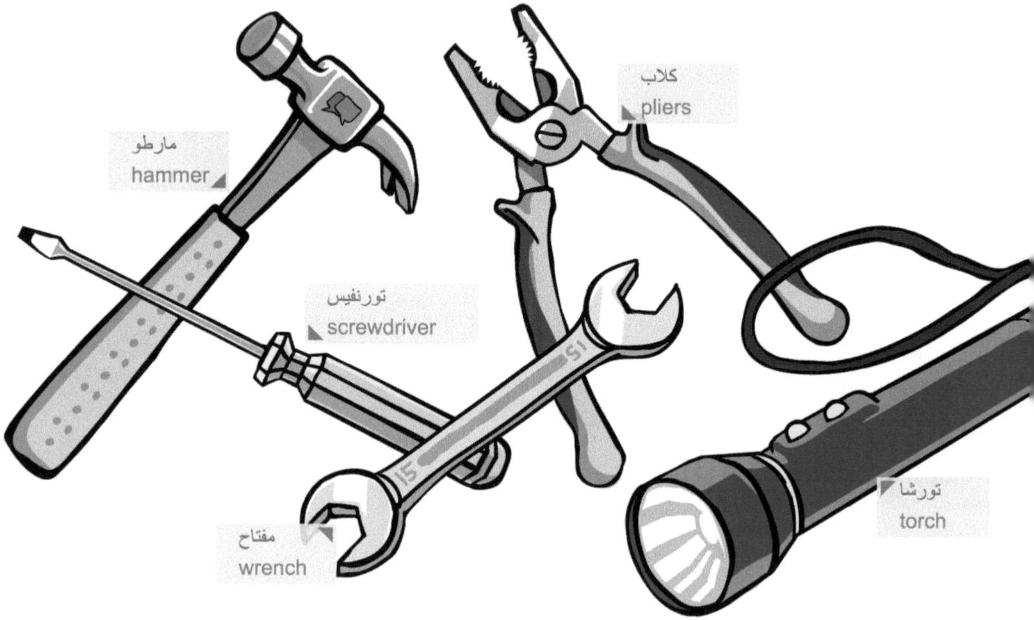

كلاب
pliers
مارطو
hammer
تورنفيس
screwdriver
تورشا
torch
مفتاح
wrench

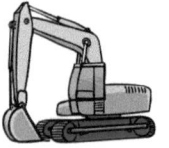

جرافة

excavator

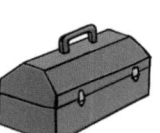

قايصة نتاع ليزوتي

toolbox

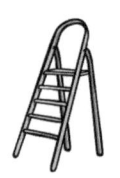

سلوم

ladder

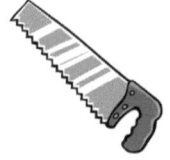

منشار

saw

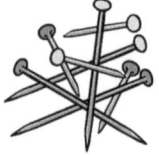

مسامير

nails

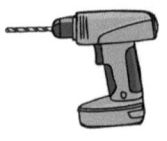

برسوز

drill

يصنع
repair

البالة
shovel

ياويلي
Damn!

بالا
dustpan

بو تاع بنتورة
paint can

ليفيس
screws

آلات موسيقية

musical instruments

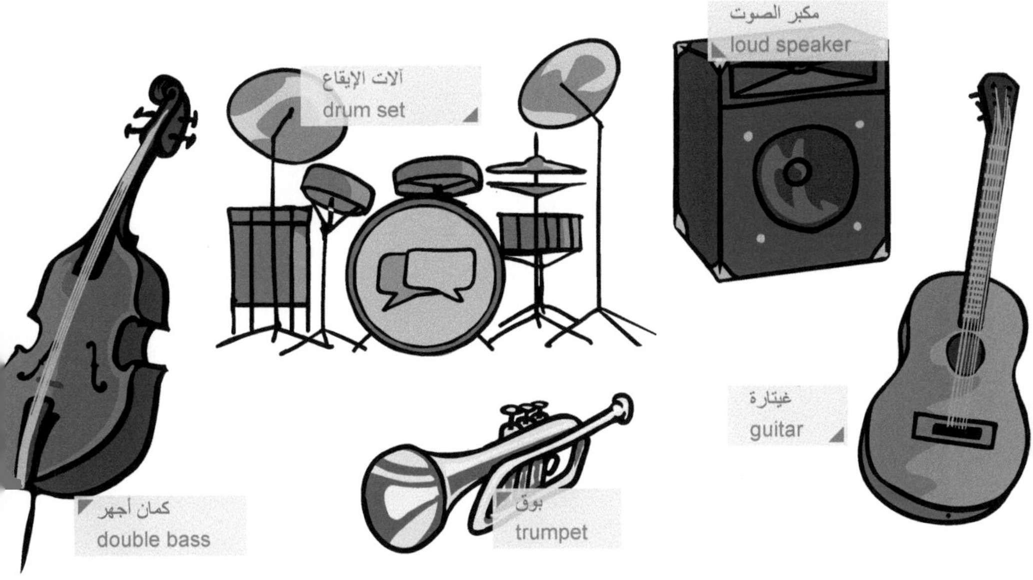

آلات الإيقاع
drum set

مكبر الصوت
loud speaker

كمان أجهر
double bass

بوق
trumpet

غيتارة
guitar

بيانو

piano

كمنجة

violin

جهير

bass

طبل كبير

timpani

طبل

drums

بيانو كهربائي

keyboard

ساكسوفون

saxophone

ناي

flute

ميكروفون

microphone

حديقة حيوانات

zoo

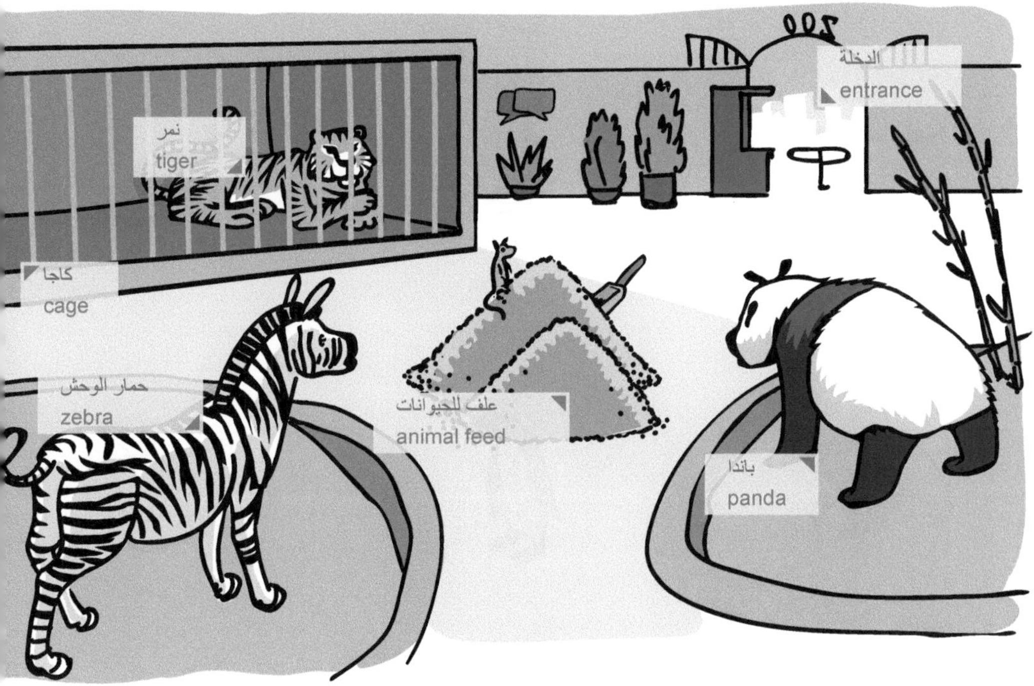

الدخلة
entrance
نمر
tiger
كاجا
cage
حمار الوحش
zebra
علف للحيوانات
animal feed
باندا
panda

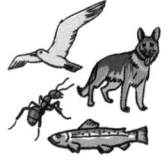

حيوانات

animals

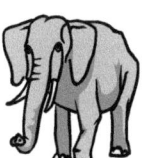

فيل

elephant

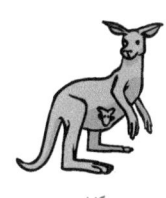

كنغر

kangaroo

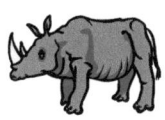

وحيد القرن

rhino

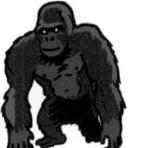

غوريلا

gorilla

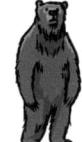

دب

bear

جمل

camel

نعامة

ostrich

سبع

lion

تشيطا

monkey

فلامونغوز

flamingo

بيروكي

parrot

دب قطبي

polar bear

بطريق

penguin

سمك القرش

shark

طاووس

peacock

لفعة

snake

تمساح

crocodile

عساس في حديقة الحيوان

zookeeper

عجل البحر

seal

نمر أمريكي مرقط

jaguar

فرس قزم

pony

نمر

leopard

فرس النهر

hippo

زرافة

giraffe

نسر

eagle

حلوف

boar

حوت

fish

فكرون

turtle

حيوان فظ البحري

walrus

ثعلب

fox

غزال

gazelle

sports

بالون اميريكا
American football

الركبة تاع البيسكلت
cycling

تينيس
tennis

باسكات
basketball

العوم
swimming

بوكس
boxing

هوكي
ice hockey

بالون
soccer

الريشة الطائرة
badminton

اتلاتيزم
athletics

الهوند
handball

سكي
skiing

بولو
polo

نشطات

activities

ينقز
jump
يغني
sing
يعنق
hug
يضحك
laugh
يمشي
walk
ينوم
dream
يصلي
pray
يبوس
kiss

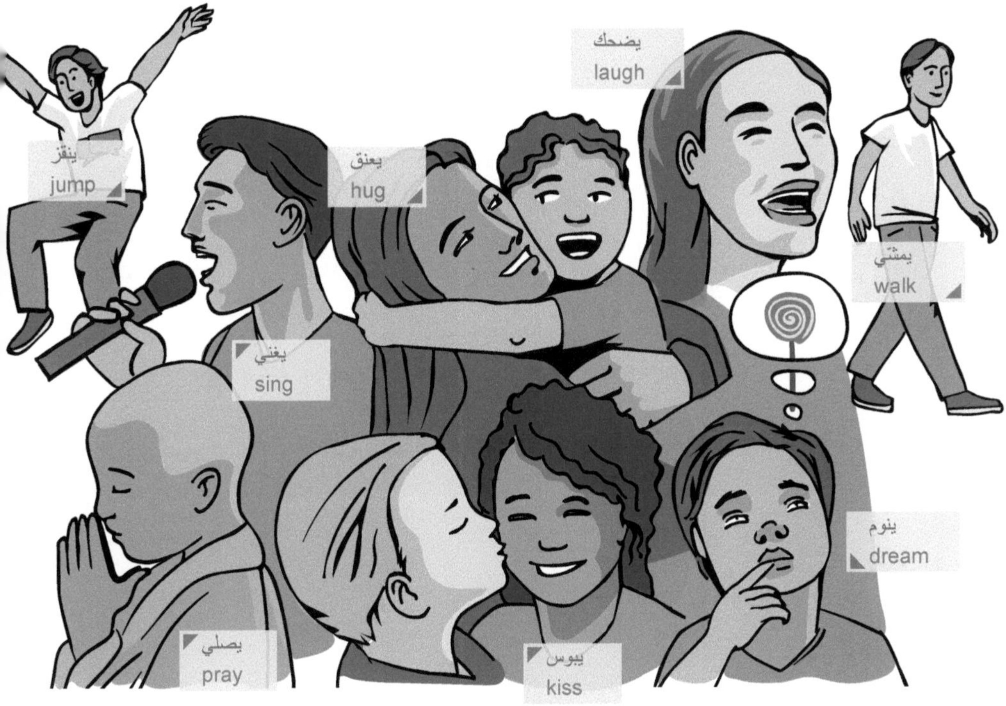

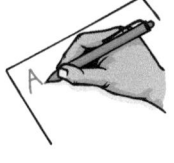

يكتب
write

يرسم
draw

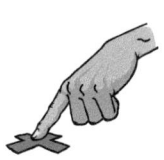

يوري
show

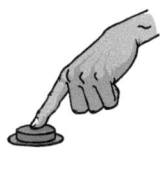

يدمر
push

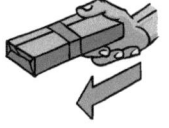

يعطي
give

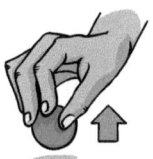

يدي
take

يملك

have

يخدم

do

كاين

be

يوقف

stand

يجري

run

يجبد

pull

يقيس / يرمي

throw

يطيح

fall

يتكسل

lie

يشوف

wait

يرفد

carry

يقعد

sit

يلبس

get dressed

يرقد

sleep

ينوظ

wake up

يشوف في

look at

يبكي

cry

يحك

stroke

يمشّط

comb

يهدر

talk

يفهم

understand

يسقسي

ask

يسمع

listen

يشرب

drink

ياكل

eat

يخمل

tidy up

يبغي

love

يطيب

cook

يصوق

drive

يطير

fly

يبحر بالفلوكة

sail

يحسب

calculate

يقرا

read

يتّعلم

learn

يخدم

work

يتزوج

marry

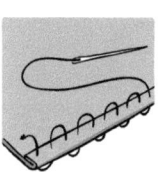

يخيط

sew

يغسل سنانو

brush teeth

يكتل

kill

يكمي

smoke

يرسل

send

family

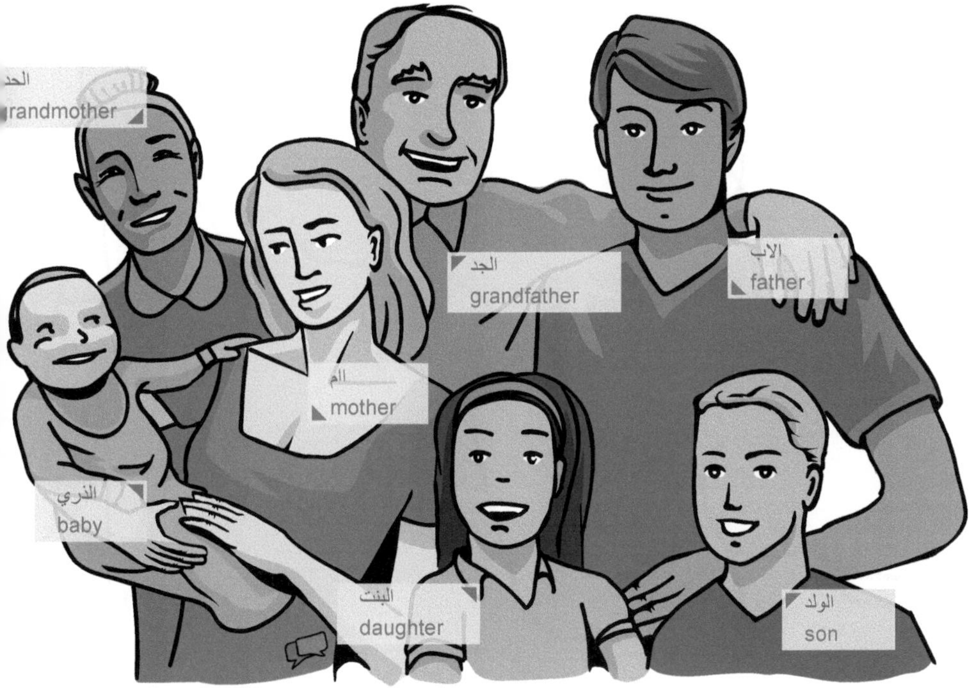
الجد
randmother
الجد
grandfather
الاب
father
ام
mother
الذري
baby
البنت
daughter
الولد
son

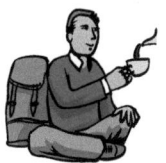

ضيف
....
guest

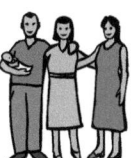

العمة / الخالة
....
aunt

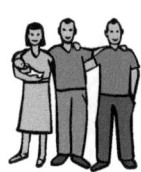

العم / الخال
....
uncle

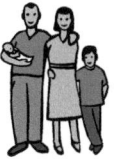

الخو
....
brother

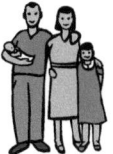

الخت
....
sister

الجسم
body

الجبهة
forehead
العين
eye
الكتف
shoulder
صبع
finger
الوجه
face
اللحية
chin
اليد
hand
الساق
leg
الصدر
breast
الذراع
arm

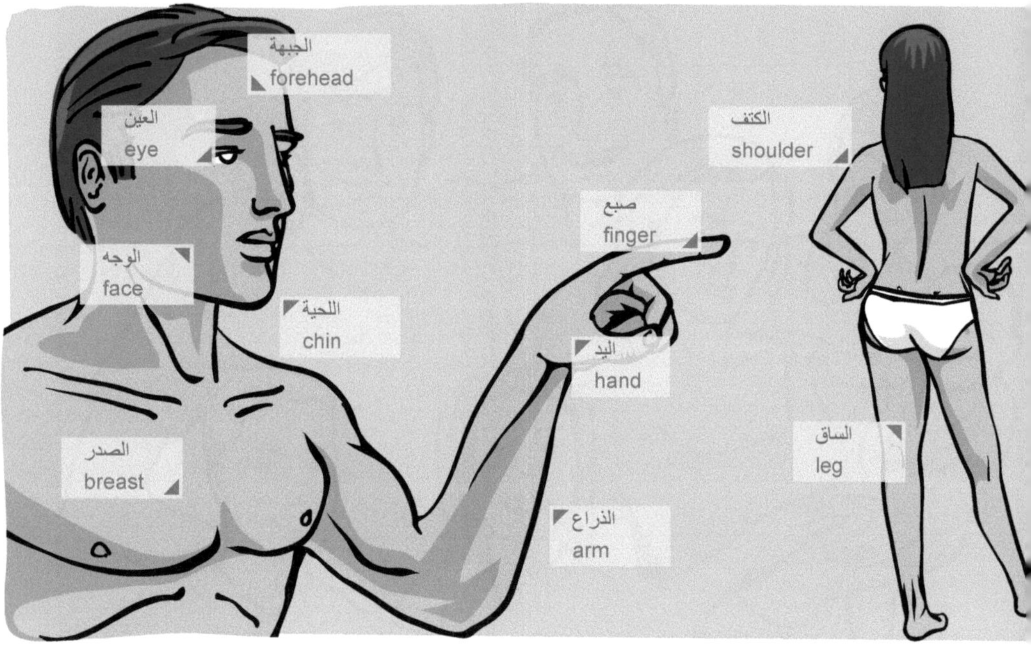

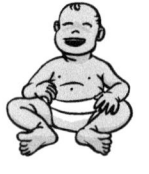

الذري
baby

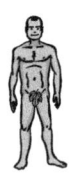

الراجل
man

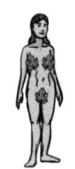

المرا
woman

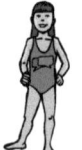

الشيرة، الطفلة
girl

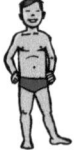

الشير
boy

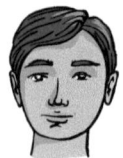

الراس
head

ظهر

back

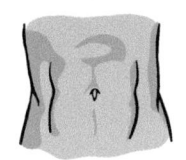

الكرش

belly

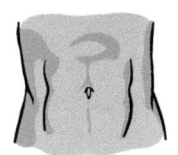

السرة

navel

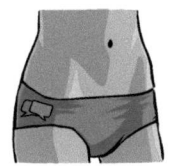

صبع

toe

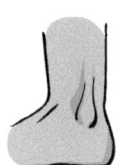

طالون

heel

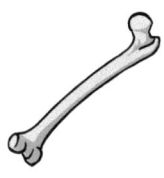

العظم

bone

المرادف

hip

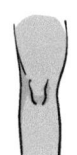

الركبة

knee

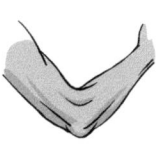

لمرفغ

elbow

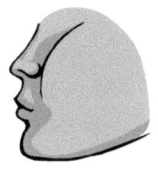

نيف

nose

مصاصيط

buttocks

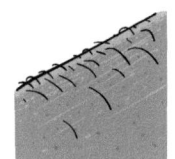

البشرة

skin

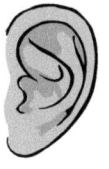

الحنوك

cheek

 لوذن

ear

ثورب

lip

الفم

mouth

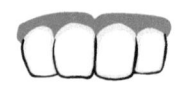

السنة

tooth

السان

tongue

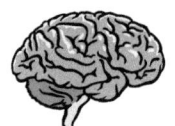

الدماغ

brain

القلب

heart

العضلة

muscle

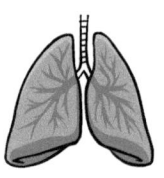

الرية

lung

الكبدة

liver

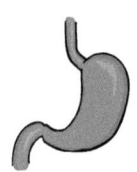

لسطوما

stomach

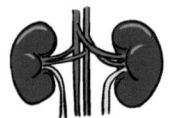

كلوى

kidneys

رابور

sex

بريزارفتيف

condom

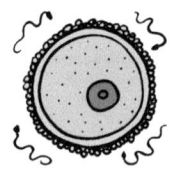

البويضة

ovum

سبرم

semen

شكربل

pregnancy

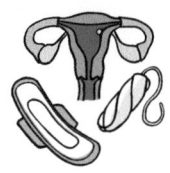

غلاريل

menstruation

المهبل

vagina

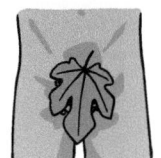

المذاكر

penis

الحاجب

eyebrow

الشعر

hair

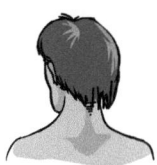

رقبة

neck

سبيطار

hospital

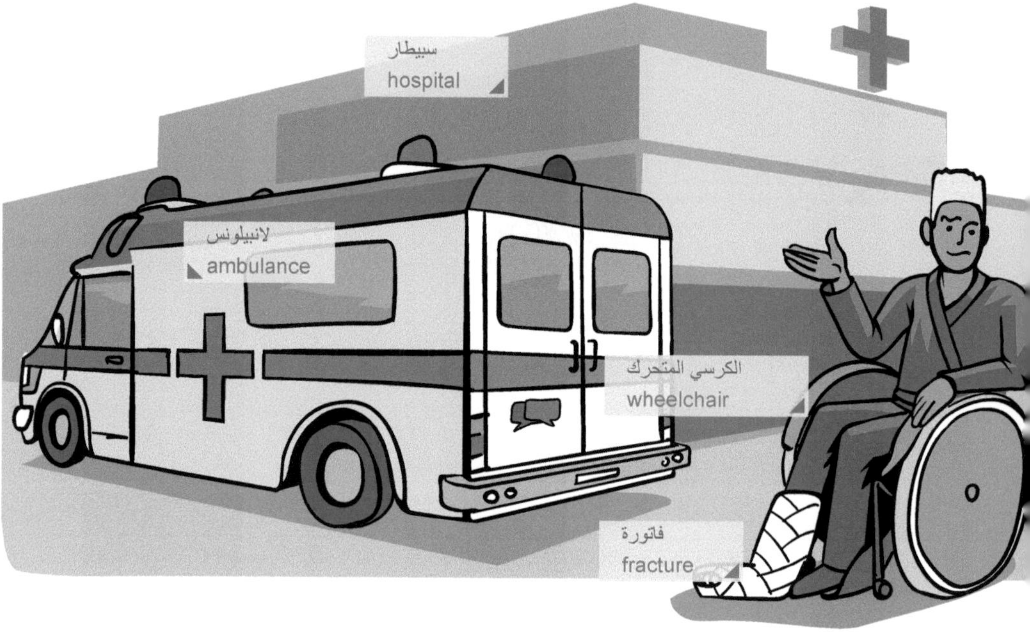

سبيطار
hospital
لانبيلونس
ambulance
الكرسي المتحرك
wheelchair
فاتورة
fracture

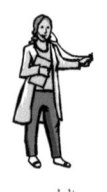

الطبيب

doctor

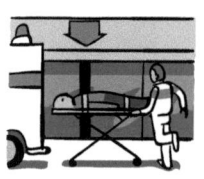

ليزيرجونس

emergency room

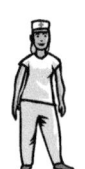

الممرضة

nurse

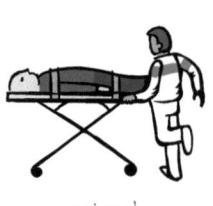

ليرجونس

emergency

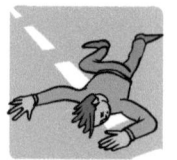

تغاشى

unconscious

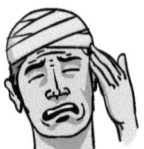

الوجع

pain

الجرح

injury

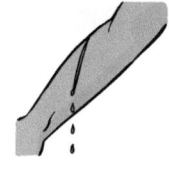

يسل الدم

bleeding

القلب

heart attack

لافيسي

stroke

لالرجي

allergy

الكحة

cough

الحمة

fever

لاقريب

flu

الاسهال

diarrhea

ميغران

headache

السرطان

cancer

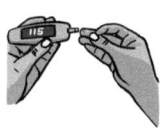

السكر

diabetes

الجراح

surgeon

مبضع

scalpel

عملية تاع القلب

operation

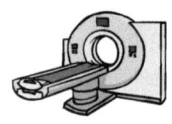

لاسيتي

CT

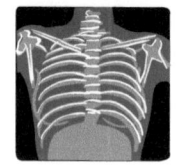

الراديو

x-ray

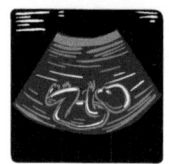

لولتخازون

ultrasound

لماسك

face mask

المرض

disease

وين يقارعو

waiting room

العكاز

crutch

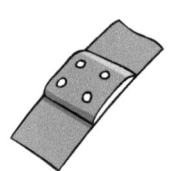

سكوتش

plaster

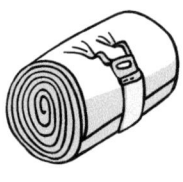

لبانسما

bandage

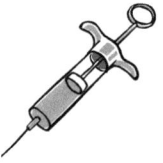

لبرة

injection

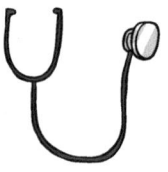

السماعة تاع الطبيب

stethoscope

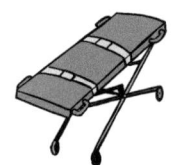

نقالة

stretcher

لوزنو بيه الحمة

clinical thermometer

زيادة

birth

السمونية

overweight

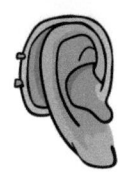

جهاز السمع

hearing aid

المعقم

disinfectant

لنفكسون

infection

الفيروس

virus

السيدا

HIV / AIDS

الدوا

medicine

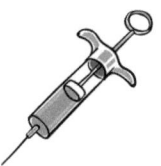

الفاكسان

vaccination

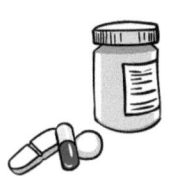

الدوا حب

tablets

بيلولة

pill

يعيط للنجدة

emergency call

الجهاز ليقيسو بيه الدم

blood pressure monitor

مريض / صحيح

ill / healthy

سلكوني

Help!

للارم

alarm

يتعدا

assault

يهجم

attack

دونجي

danger

مخرج الطوارئ

emergency exit

النار شاعلة

Fire!

لكستانتور

fire extinguisher

اكسيدون

accident

فيزة تاع الاسعاف الاولي

first-aid kit

سلكونا

SOS

لابوليس

police

أوروبا

Europe

أمريكا الشمالية

North America

أمريكا الجنوبية

South America

أفريقيا

Africa

آسيا

Asia

أستراليا

Australia

المحيط الأطلسي

Atlantic

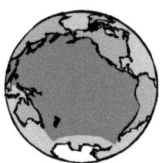

المحيط الهادي

Pacific

المحيط الهندي

Indian Ocean

المحيط المتجمد الجنوبي

Antarctic Ocean

المحيط المتجمد الشمالي

Arctic Ocean

القطب الشمالي

North pole

القطب الجنوبي

South pole

منطقة القطب الجنوبي

Antarctica

أرض

earth

بلاد

land

بحر

sea

جزيرة

island

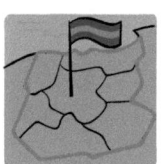

امة

nation

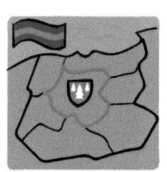

دولة

state

أرض - earth

ميناء الساعة

clock face

عقرب الساعات

hour hand

عقرب الدقائق

minute hand

عقرب الثواني

second hand

شعال راها الساعة؟

What time is it?

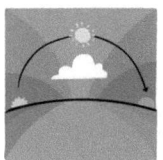

يوم

day

زمن

time

دروك

now

ساعة رقمية

digital watch

دقيقة

minute

ساعة

hour

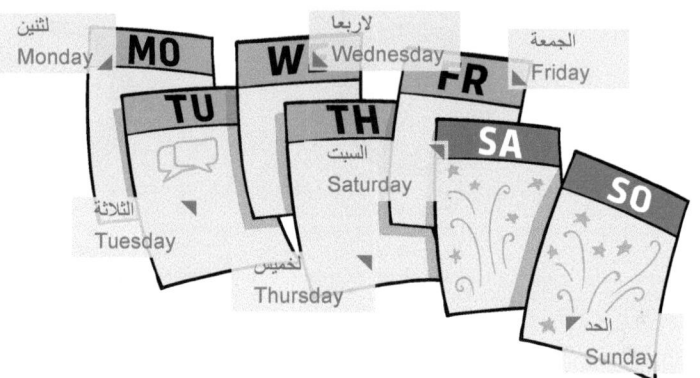

لثنين	لاربعا	الجمعة
Monday MO	W Wednesday	Friday FR
TU	TH	SA
الثلاثة	السبت	SO
Tuesday	Saturday	الحد
	لخميس	Sunday
	Thursday	

لبارح

yesterday

اليوم

today

غدوا

tomorrow

صباح

morning

القايلة

noon

العشية

evening

MO	TU	WE	TH	FR	SA	SU
1	2	3	4	5	6	7
8	9	10	11	12	13	14
15	16	17	18	19	20	21
22	23	24	25	26	27	28
29	30	31	1	2	3	4

يامات الخدمة

workdays

MO	TU	WE	TH	FR	SA	SU
1	2	3	4	5	6	7
8	9	10	11	12	13	14
15	16	17	18	19	20	21
22	23	24	25	26	27	28
29	30	31	1	2	3	4

ويكاند

weekend

العام
year

النو
rain
قوس قزح
rainbow
الريح
wind
ثلج
snow
الربيع
spring
الصيف
summer
الخريف
fall
الشتا
winter

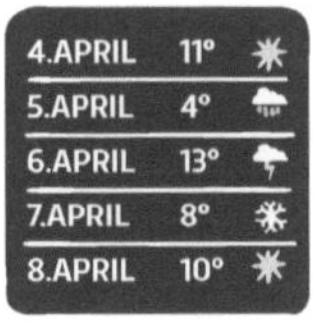

4.APRIL 11°
5.APRIL 4°
6.APRIL 13°
7.APRIL 8°
8.APRIL 10°

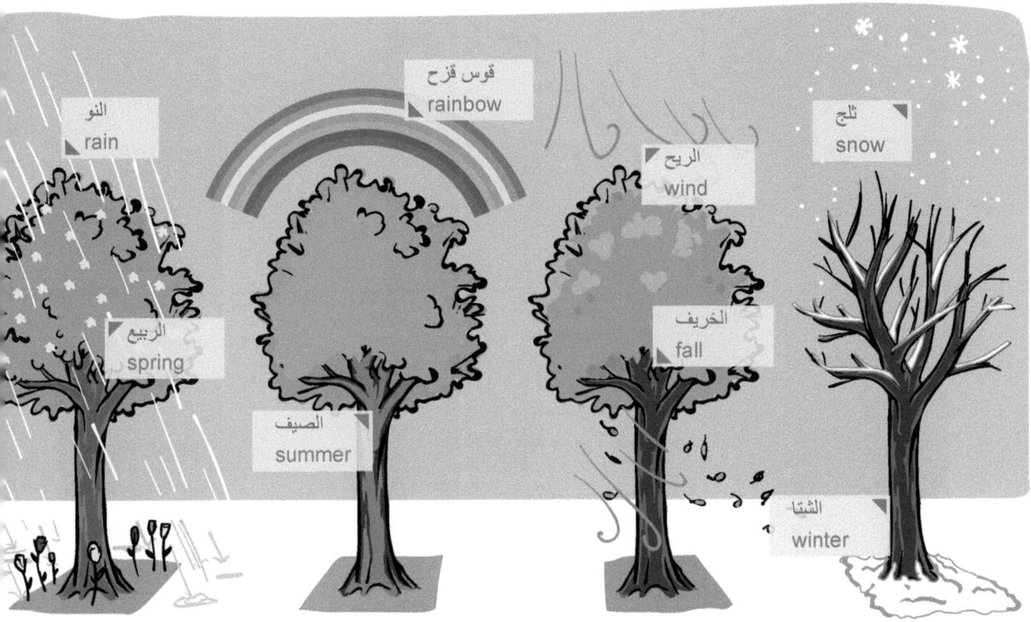

يتنبأ بالحال
....
weather forecast

F C
120 40
90 30
60 20
30 10
0 0
-30 -10
-20

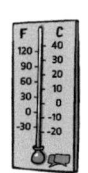

مقياس حرارة
....
thermometer

ضوء الشمس
....
sunshine

سحابة
....
cloud

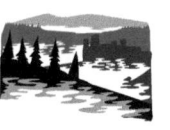

ضباب
....
fog

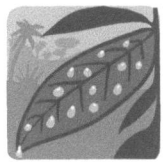

ميديتي
....
humidity

برق

lightning

رعد

thunder

عاصفة

storm

بَرَد

hail

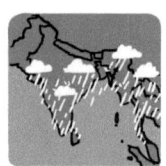

ريح

monsoon

طوفان

flood

جليد

ice

جانفي

January

فيفري

February

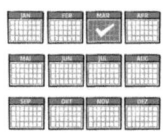

مارس

March

افريل

April

ماي

May

جوان

June

جويلية

July

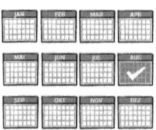

اوت

August

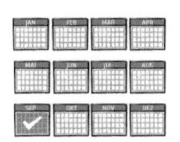

سبتمبر
....
September

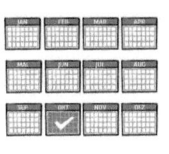

اكتوبر
....
October

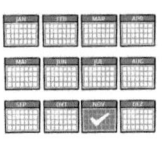

نوفمبر
....
November

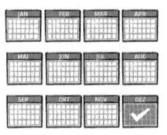

ديسمبر
....
December

فورما

shapes

دويرة
....
circle

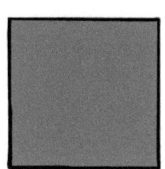

مربع
....
square

مستطيل
....
rectangle

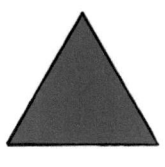

مثلث
....
triangle

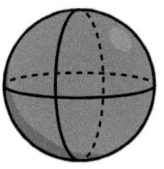

كويرة
....
sphere

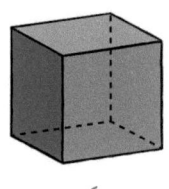

مكعب
....
cube

بيض

white

صفر

yellow

تثيني

orange

روز

pink

حمر

red

حلحالي

purple

زرق

blue

خظر

green

قهوي

brown

قري

gray

كحل

black

بزاف / شوية

a lot / a little

زعفان / مكالمي

angry / calm

شباب / مشي شباب

beautiful / ugly

البدية / التالي

beginning / end

كبير / صغير

big / small

فاتح / فونسي

bright / dark

خو / خت

brother / sister

نقي / موسخ

clean / dirty

كامل / ناقص

complete / incomplete

نهار / اليل

day / night

ميت / حي

dead / alive

عريض / ضيق

wide / narrow

يقدو ياكلوه / ميقدروش ياكلوه

....

edible / inedible

شرير / ناس ملاح

....

evil / kind

بثير / يمل

....

excited / bored

سمين / رقيق

....

fat / thin

اللولا / التالية

....

first / last

الصاحب / لعدو

....

friend / enemy

معمر / فارغ

....

full / empty

قاصح / سوبل

....

hard / soft

ثقيل / خفيف

....

heavy / light

جوع / عطش

....

hunger / thirst

مريض / صحيح

....

ill / healthy

غير شرعي / شرعي

....

illegal / legal

ذكي / مبوقل

....

intelligent / stupid

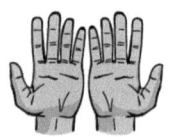

يسار / يمين

....

left / right

قريب / بعيد

....

near / far

جديد / مستعمل

new / used

مكانش / شوية

nothing / something

شيباني / شاب

old / young

يشعل / يطفئ

on / off

محلول / مبلع

open / closed

بشوية / بلفور

quiet / loud

مرفح / زوالي

rich / poor

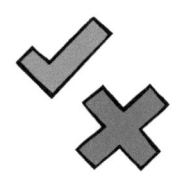

نيشان / خاطيء

right / wrong

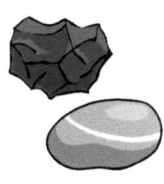

حرش / رطب

rough / smooth

زعفان / فرحان

sad / happy

قصير / طويل

short / long

بشوية / بلخف

slow / fast

مشمخ / ناشف

wet / dry

حامي / بارد

warm / cool

القيرة / لامان

war / peace

الضد - opposites

0

صفر

zero

1

واجد

one

2

زوج

two

3

ثلاثة

three

4

ربعة

four

5

خمسة

five

6

ستة

six

7

سبعة

seven

8

ثمانية

eight

9

تسعة

nine

10

عشرة

ten

11

حداعش

eleven

12

ثناعش
....
twelve

13

تلطاعش
....
thirteen

14

رباطاعش
....
fourteen

15

خمسطاعش
....
fifteen

16

سطاعش
....
sixteen

17

سبعطتعش
....
seventeen

18

ثمنطاعش
....
eighteen

19

تساعطاش
....
nineteen

20

عشرون
....
twenty

100

مية
....
hundred

1.000

ألف
....
thousand

1.000.000

مليون
....
million

languages

انقلي

English

انغلي تاع مريكان

American English

لغة الشنوية

Chinese Mandarin

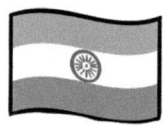

الهندية

Hindi

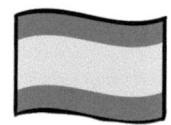

سبنيولية

Spanish

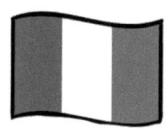

الفرونسي

French

العربية

Arabic

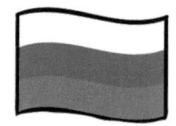

الروسية

Russian

البوتغالية

Portuguese

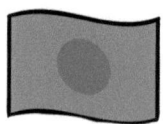

البنغالية

Bengali

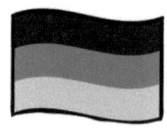

لالمنية

German

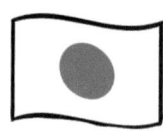

الجابونية

Japanese

انا

I

نتا

you

هو

he / she / it

حنايا

we

نتوما

you

هوما

they

شكون

who?

واش

what?

كيفاش

how?

وين

where?

وقتاش

when?

الاسم

name

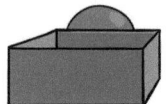

مرول
behind

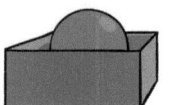

في
in

قدام
in front of

فوق
over

على
on

تحت
under

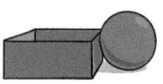

حدا
beside

بين
between

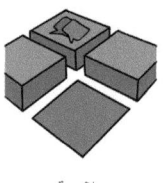

بلاصة
place